Meu amigo
lixo e um
beijo no planeta

Editora Appris Ltda.
1.ª Edição - Copyright© 2021 dos autores
Direitos de Edição Reservados à Editora Appris Ltda.

Nenhuma parte desta obra poderá ser utilizada indevidamente, sem estar de acordo com a Lei nº 9.610/98. Se incorreções forem encontradas, serão de exclusiva responsabilidade de seus organizadores. Foi realizado o Depósito Legal na Fundação Biblioteca Nacional, de acordo com as Leis nºs 10.994, de 14/12/2004, e 12.192, de 14/01/2010.

Catalogação na Fonte
Elaborado por: Josefina A. S. Guedes
Bibliotecária CRB 9/870

| | |
|---|---|
| D585m 2021 | Diniz, Andréa di Matteu |
| | Meu amigo lixo e um beijo no planeta / Andréa di Matteu Diniz. - 1. ed. – Curitiba : Appris, 2021. |
| | 73 p. ; 16 cm. – (Artêra). |
| | |
| | Inclui bibliografias |
| | ISBN 978-65-5523-905-8 |
| | |
| | 1. Literatura infantojuvenil. I. Título. II. Série. |
| | |
| | CDD – 028.5 |

*Appris editora*

Editora e Livraria Appris Ltda.
Av. Manoel Ribas, 2265 – Mercês
Curitiba/PR – CEP: 80810-002
Tel. (41) 3156 - 4731
www.editoraappris.com.br

Printed in Brazil
Impresso no Brasil

Andréa Di Matteu Diniz

# Meu amigo lixo e um beijo no planeta

## FICHA TÉCNICA

**EDITORIAL** Augusto V. de A. Coelho
Marli Caetano
Sara C. de Andrade Coelho

**COMITÊ EDITORIAL** Andréa Barbosa Gouveia (UFPR)
Jacques de Lima Ferreira (UP)
Marilda Aparecida Behrens (PUCPR)
Ana El Achkar (UNIVERSO/RJ)
Conrado Moreira Mendes (PUC-MG)
Eliete Correia dos Santos (UEPB)
Fabiano Santos (UERJ/IESP)
Francinete Fernandes de Sousa (UEPB)
Francisco Carlos Duarte (PUCPR)
Francisco de Assis (Fiam-Faam, SP, Brasil)
Juliana Reichert Assunção Tonelli (UEL)
Maria Aparecida Barbosa (USP)
Maria Helena Zamora (PUC-Rio)
Maria Margarida de Andrade (Umack)
Roque Ismael da Costa Güllich (UFFS)
Toni Reis (UFPR)
Valdomiro de Oliveira (UFPR)
Valério Brusamolin (IFPR)

**ASSESSORIA EDITORIAL** Beatriz de Araújo Machado
Isabela do Vale
Alana Cabral

**REVISÃO** Andrea Bassoto Gatto

**PRODUÇÃO EDITORIAL** Gabrielli Masi

**DIAGRAMAÇÃO** Jhonny Alves dos Reis

**CAPA** Amy Maitland

**ILUSTRAÇÕES** Isabella Regina Rodrigues

**COMUNICAÇÃO** Carlos Eduardo Pereira
Débora Nazário
Kananda Ferreira
Karla Pipolo Olegário

**LIVRARIAS E EVENTOS** Estevão Misael

**GERÊNCIA DE FINANÇAS** Selma Maria Fernandes do Valle

**COORDENADORA COMERCIAL** Silvana Vicente

# Apresentação

Eu sou Andréa Di Matteu Diniz, natural de Santo André. Cursei Letras na Universidade Metodista de São Paulo.

Ministrei aulas em escolas particulares e públicas, e na rede municipal, pelas quais tenho um enorme carinho.

Trabalhei como vendedora (de doces, roupas e bijuterias) e em algumas empresas. Dentre elas, trabalhei em uma na área de Qualidade, quando pude ver de perto o que eram a ISO 9000 e a 14000 e o que elas faziam e proporcionavam às pessoas.

Na área da Educação comecei como eventual, na rede pública, e logo inventei aulas com assuntos atuais (ambientais, entre outros). Tenho muito apreço pela rede pública, pois ali aprendi muito e pela qual tenho um enorme carinho.

Posteriormente, fiz pós-graduação em Psicopedagogia e tive a minha linda filha, a Luiza, e foi justamente na minha bela gravidez que "nasceu/aflorou" a escrita e, consequentemente, este livro.

A Luiza foi a razão pela qual este livro nasceu e eu o dedico totalmente a ela, Eterno bebê de 11 anos.

A gestação me ensinou a refletir mais sobre a vida e a ter paciência para saber esperar.

Lecionei em várias escolas ,tanto públicas como privadas.

Só posso afirmar que tudo o que sou eu devo ao magistério e aos meus lindos alunos, com os quais estou sempre aprendendo e trocando ideias.

# Agradecimentos

A Deus, Jesus, Santo Expedito, Nossa Senhora de Fátima, Nossa Senhora Aparecida e Santa Rita de Cássia, por me darem forças, coragem e otimismo constantes.

À minha mãe, Ligia, simplesmente maravilhosa!

Ao meu pai, José Geraldo Marianno Diniz (*in memoriam*) – Amo-te!

À minha filhinha, Luiza, que foi a maior inspiradora.

Às pessoas que me apoiaram: Wanderlei, Rosinha, Soeiro, Luzia, Edu, Adélia, Ana Flosi, Alessandra, Benê, João, Letícia, Valquíria, Waldir, Damélio, Torelli, Renê, Cleiton, Alessandro, Dimitri, Dr. Eurico, Aécio, Tia Dada, Cris, Fifi, Jeniffer, Neuzi, Elvira e Denise.

À minha amiga – irmã – Madalena, pelo carinho, atenção e reconhecimento profissional.

A Sabrina, Nelson Albuquerque, Nelson Albacete, Bruno, Nanci, Lucivânia, Márcia S., Ana (Academia Popular de Letras), Viviana e Fabiana, pela torcida e força.

À ilustradora do meu livro, Isabella Regina Rodrigues.

Agradeço também aos meus parentes, pela ajuda e amizade. Um grande beijo às famílias: Volpi, Zimermann e Fantinati. Amo vocês muito!

Agradeço aos meus alunos e a minha escola.

À minha ETEC Jorge Street e a todos que fazem parte dela.

Agradeço imensamente à Editora Appris, pelo carinho, profissionalismo, respeito e acolhimento. Obrigada, Paulo, Renata, Bia, Gabrielli, Alana, Angela e Cia. Agradeço a todos por acreditarem em mim e por me fornecerem energia de coragem para poder alcançar meus objetivos.

Muito obrigada ao Núcleo de Apoio ao Pequeno Cidadão pelo carinho!

*Mãe,se não fosse pelo teu grande amor por mim e pelo teu enorme coração,este meu sonho não teria sido realizado. Tenho muita gratidão. Te amo muito.*

*À Luiza (Luizinha), com quem tudo começou...*

*O amor te toca,*

*você reage,*

*você cria.*

# Sumário

Introdução — 15

A história — 19

Reciclar — 33

Receita — 59

Atividades — 67

Parte A — 67

Parte B — 71

Parte C — 71

Parte D — 72

Referências — 73

# Introdução

Na função de educadora sempre achei que o papel do docente é direcionar, observar e conscientizar para as questões ambientais e sociais.

Vemos tantos atos tristes, propositais e, às vezes, inocentes, que ocorrem com o meio ambiente, e sabemos que isso também é falta de consciência da própria sociedade de abrir os olhos enquanto há tempo de agir. E é no recinto escolar que se criam vínculos entre a teoria e a prática.

A escola é um lugar de grande valia cultural, em que o aluno interage, vivencia, conhece e começa a agir, seja por meio dos atos ou da própria conscientização.

A minha maior preocupação é mostrar e expor os problemas que ocorrem com o meio ambiente e tentar procurar, junto aos meus colegas, soluções otimistas e benéficas que deem resultados e que tentem gerar melhorias futuras.

Quando trabalho com um curso técnico, peço que os alunos criem uma empresa fictícia e consciente, que não maltrate o meio ambiente. O importante é que esse trabalho traga propostas eficazes e reais para gerar ideias futuras que possam ser utilizadas em benefício do próprio homem.

Acredito que por essas empreitadas o discente se torne um cidadão consciente e que possa ser multiplicador infinito.

Ao elaborar este livro, que analisa a questão ambiental, acreditei que ele fará essa função multiplicadora e que despertará um interesse maior e o respeito em relação ao meio ambiente.

**Andréa Diniz**
*A autora*

A história

O relógio despertou às seis horas.

Julinho odiava as aulas às quartas-feiras, pois era a matéria mais chata e enfadonha para ele – aula de Educação Ambiental.

Do outro lado da porta, ouviu sua mãe gritando:

— Menino! Acorda! Já são seis horas e você tem que ir à escola!

Levantou resmungando, calçou os chinelos, abriu a janela e observou uma situação que, para ele, era insignificante e comum. Um catador de material reciclável feliz da vida por ter encontrado uma caixa de televisor.

"Grande coisa! Como e por que fazer isso? O que se ganha em ser catador de material reciclável?", pensou Julinho.

— Vamos, Julinho! Está na hora – gritou sua mãe.

Ao tomar o café, Julinho reparou que sua mãe separava plástico, papel e comida (orgânico). Ficou espantado e disse:

— Mãe, por que você separa esse lixo todo aí?

— Ora, Julinho, quantas vezes preciso lhe dizer que o mundo necessita de pessoas conscientes e que respeitem o planeta?

— Mas você não me disse por que separa esse lixo.

— Isso não é lixo e, sim, materiais para reciclar. Eu e papai reciclamos o nosso lixo sempre. Inclusive o seu, que você não recicla.

Julinho ficou com aquilo na cabeça, reciclar, e lembrou-se do catador de material reciclável e de seu rosto feliz ao encontrar a caixa de televisão. Seus pensamentos estavam flutuando, até que foi interrompido pelo bom-dia de seu pai, o Sr. Ronaldo.

— Bom dia, turma! Olá, Marília, meu amor! Oi, Julinho!

— Hoje estou felicíssimo, pois vou assistir a uma palestra sobre reciclagem – disse o pai sorridente e alegre.

— E você, Julinho? Hoje é dia da sua aula sobre o meio ambiente?

— Ah... é. Detesto aquela aula! Gosto mais da aula de Educação Física e de futebol.

— Júlio, reciclar é um ato de amor para a sociedade, para você e para o mundo.

De repente, a campainha tocou. Era hora de Julinho ir para a escola.

— Tchau, mãe! Tchau, pai! – E, então, o menino entrou apressado na van escolar.

Marília sentou-se à mesa com o marido e puderam contemplar pela janela o aceno de adeus de Julinho.

A mãe sentiu-se pequena e o seu rosto foi ficando triste e apagado.

— O que foi, Marília?

— Estou chateada com o Júlio.

Quando diziam Júlio é porque as coisas não iam bem.

— O que o Júlio fez dessa vez, Marília?

— Estou triste porque ele não sabe o que é reciclar, ou seja, o ato de reciclar, o porquê disso e por ele não ter uma visão ecológica para respeitar o meio ambiente. Gostaria que ele verificasse o quanto é importante se preocupar com o planeta.

— Não fique triste, Marília. Vamos conversar com ele e ensinar o gosto pela coisa.

Marília abraçou o marido com ternura e o Sol começou a brilhar na cozinha.

A van parou em frente ao colégio e Julinho observou seus colegas com garrafas pet vazias.

— Ah! Não! Como pude me esquecer de que essas garrafas eram para a aula de hoje?

Ao lembrar-se disso, avistou o pátio escolar e viu Francisco com cinco garrafas. No seu pensamento, bem que Francisco podia lhe emprestar uma garrafa.

Julinho se aproximou do colega de classe e disse:

— E aí, Francisco? Como você está?

— Não vem não, Julinho. Eu não vou lhe emprestar e nem lhe dar uma garrafa. Você tem que ser mais organizado na escola. Por que você não anota tudo numa agenda?

— Puxa vida, Francisco! Como você me julga mal. Eu só esqueci que era pra hoje.

— Você sabe o que a professora propôs para a aula de hoje? – disse Francisco, chateado com o colega.

Julinho estava muito envergonhado e resolveu não responder. Caminhou até a sala, cabisbaixo e triste.

— Bom dia, alunos! – cumprimentou alegremente a professora.

— Gostaria de perguntar uma coisa: por que a temperatura do planeta está aumentando?

Do fundo da sala ouviu-se uma garota baixinha e de óculos responder:

— Já sei, professora! É porque as pessoas não respeitam mais a natureza? Não é?

A professora observou o esforço da aluna e disse em tom doce:

— Aline, você acertou! Hoje em dia, as pessoas não estão respeitando mais o nosso planeta e isso gera graves problemas. Em relação ao aumento da temperatura do planeta, a Terra está passando por um problema chamado aquecimento global, ou seja, os automóveis e algumas indústrias liberam gases nocivos à natureza, como o dióxido de carbono – $CO_2$. Esses gases vão se acumulando na Terra, ou melhor, na atmosfera, e não têm como fluir, por isso a temperatura na Terra está esquentando cada vez mais e gerando muitos problemas.

Julinho nunca prestara atenção às aulas de Educação Ambiental, porém, algo despertou sua curiosidade: "Será que ainda dá tempo de salvar a Terra?".

Nesse instante, ele levantou a mão para fazer uma pergunta à professora.

— Professora, posso perguntar uma coisa?

— Que bom ver seu entusiasmo, Julinho! É claro que pode perguntar.

Então o garoto estufou o peito e perguntou:

— Como podemos nos conscientizar e evitar o aquecimento global?

A professora sentiu a aflição no olhar de Julinho e disse:

— Bem, Julinho há alguns pontos importantes como: evitar sair toda hora de carro e optar por transporte coletivo, pois este evita a maior queima de combustíveis fósseis, conscientizar os donos das indústrias a realizarem a filtragem de gases poluentes, que são produzidos por essas empresas, e, por último, reciclar.

— Reciclar?! - perguntou assustado, na aula.

Foi uma vaia só. A classe inteira riu de cara dele e ele se sentiu envergonhado.

— Julinho, não fique assustado - disse calmamente a professora.

Ela já sabia que tinha um grande trabalho pela frente.

Do fundo da classe ouviu-se um burburinho:

— Nossa, que menino xarope... Não sabe o que é reciclar.

E do outro lado se escutava:

— E você sabe o que é?

— Calma! - falou outro.

E assim começou uma discussão incessante na sala da professora Dolores.

O sinal tocou e a professora informou aos alunos que na aula seguinte faria o trabalho com as garrafas pet.

De repente, Julinho sentiu um tapinha em suas costas e a seguinte fala:

— Foi salvo pelo "gongo", hein, Julinho!

Era Francisco, que sorria de forma forçada para o colega.

Julinho fez um sinal de positivo com os dedos e ficou sentado na carteira, observando os colegas saírem da sala.

Seu olhar estava longe e distante. Ele começou a se lembrar da mãe e da separação do lixo, do pai e do que a professora dissera sobre o $CO_2$ e o ato de reciclar.

Reciclar, reciclar, reciclar...

— Júlio. Júlio. – Ouviu uma voz doce em seus ouvidos. Era Dona Dolores. – A aula acabou! – disse a professora.

O garoto sentia-se um peixe fora d'água e, então, ele confessou à professora sua angústia.

— Sabe, professora, eu nunca me interessei pelas aulas de Educação Ambiental, mas hoje eu percebi que o planeta precisa de nossa ajuda e que é sério. É urgente! E tem mais... Eu não sei o que é reciclar. A senhora me explica? Mas não deixa ninguém saber...

— Júlio, eu já sabia que você nem imaginava o que era reciclar, ou seja, o ato de reciclar. Não se preocupe, eu lhe ajudo, pode contar comigo. E lembre-se: ninguém ficará sabendo. Só peço uma coisa a você: pesquise em um dicionário o que significa o vocábulo reciclar e conte-me na próxima aula.

Da porta, ouviu-se um grito de uma voz infantil e amiga. Era Aline, que escutara toda a conversa e estava decidida a ajudar Julinho.

— Professora, posso ajudar o Julinho? Eu não conto nada para ninguém! Por favor!

A professora observou o coleguismo e a felicidade nos olhos da menina e consentiu com um sinal positivo com a cabeça.

A garota ficou ofegante e disse a Julinho que o ajudaria.

Júlio chegou em casa animado e alegre. Sua mãe logo percebeu pela sua expressão.

— Julinho, como foram as aulas na escola hoje?

— Foi superlegal!

A mãe tomou um susto de alegria e ficou muda por alguns segundos.

— Como que é, Julinho? Não entendi!

— A professora explicou sobre reciclagem e pediu para eu procurar no dicionário o significado da palavra. Você me ajuda, mãe?

— É claro! Hoje o papai participou de uma palestra sobre reciclagem e ele pode nos passar muitas informações.

Naquela tarde, Julinho separou com carinho uma garrafa pet para a aula seguinte e aguardava ansioso a chegada de seu pai.

Seu pai era um homem alegre, calmo, forte e alto. Ele estava participando de um treinamento na empresa sobre o meio ambiente, para ser promovido ao cargo de gerente.

A empresa em que Ronaldo trabalhava era de produção de doces, logo os produtos tinham embalagens plásticas e de papéis. E o que seria feito dessas embalagens?

Dona Marília preparava uma deliciosa macarronada para o jantar à base de molho de caixinha.

Nesse instante, a campainha tocou. Era Luiz, seu vizinho do prédio.

— Oi, Julinho! Vamos jogar videogame?

— Vamos nessa! – respondeu Julinho.

Julinho jogava videogame na sala com o seu vizinho. Então ele disse:

— Luiz, você sabe o que é reciclagem?

— Sei lá... Acho que é para jogar tudo fora no mesmo lixo, não é?

— Lógico que não é isso. Você tem que separar tudo! Ora essa! Quer ver? Venha até a cozinha.

Julinho chamou Luiz e mostrou como Dona Marília fazia com as caixinhas de molho.

— O que houve? – perguntou a mãe de Julinho.

— Mamãe, quero mostrar ao Luiz como você faz com o lixo.

— Bem, primeiro eu utilizo o produto, depois eu lavo as embalagens e vou juntando com outras embalagens plásticas, em recipientes separados. E não com a comida. Em seguida, deposito tudo nos recipientes recicláveis.

Luiz observou e comentou que a mãe dele jogava tudo no lixo normal, misturando a comida com outras coisas.

Julinho se assustou a princípio com o que Luiz disse.

— Luiz, vamos procurar no dicionário a palavra reciclar? – perguntou Julinho.

— É pra já!

Pegaram o dicionário na estante e, ansiosos, conferiram os dizeres.

— Então é isso! Descobrimos, Luiz! – disse Julinho eufórico. Reciclar é reaproveitar para fabricar novos produtos com o mesmo material, ou seja, a mesma matéria-prima. Entendeu?

— E como será essa tal reciclagem? – questionou Luiz, atônito.

— Sei lá! É isso que devemos entender.

O Sr. Ronaldo chegou do serviço e viu os garotos conversando ansiosos.

— Olá, garotos! Que inquietação é essa com vocês?

— Olá, papai. É que estamos discutindo sobre o que é reciclar, reciclagem e...

— É isso, Sr. Ronaldo. E estamos desvendando o mistério de saber como é que se recicla.

— Fico feliz com vocês garotos, que desde pequenos já estão interessados por questões ambientais de nosso planeta.

Na mesma hora, Julinho sentiu que sua face ficou quente e um calor de vergonha e desconforto foi subindo pelo seu corpo.

— É, papai... É sempre hora de se conscientizar.

— Bem, garotos, vamos jantar. Aproveitarei o momento para lhes contar sobre a palestra que assisti hoje, na empresa, sobre reciclagem.

Na hora do jantar, Dona Marília apareceu com a deliciosa macarronada com um molho feito de caixinhas recicláveis.

— Mas que delícia! – elogiou o Sr. Ronaldo.

— Hum... Não tenho palavras! – disse Luiz.

Dona Marília sentia-se feliz com tantos elogios e satisfeita por separar o lixo reciclável.

— E você, Julinho?

— Ah, mamãe, está uma delícia! Papai, conte-nos como foi a palestra sobre reciclagem.

— Hoje foi uma ONG (Organização Não Governamental) que falou sobre os 7 Rs: **reciclar, reutilizar, reduzir, repensar** (nos hábitos de consumo e no descarte desses produtos), **recusar** (evitar o consumismo e sermos mais críticos ao comprar algo, ou seja, verificar se há a necessidade de comprar ou não o produto), **reparar** (os materiais podem ser consertados para não serem descartados) e **reintegrar** (refere-se aos resíduos orgânicos, que podem ser reciclados e assim retornam à natureza como adubo, por exemplo).

— E o que é isso, Sr. Ronaldo? – perguntou Luiz, intrigado.

— Luiz, é assim: o produto é fabricado por uma empresa X. Vamos supor o local em que eu trabalho. Lá se fabrica bolo. Em seguida, o consumidor leva esse produto e, depois de utilizá-lo, a embalagem sai da mão do consumidor e volta para a nossa empresa para uma reutilização.

— Ah, entendi! Conte-nos mais, papai!

— Essa ONG cuida de palestras ambientais e beneficentes para orientar voluntariamente as empresas sobre os danos que o homem causa ao meio ambiente. Mostram como podemos agir de forma ecologicamente correta com o planeta e nos sensibiliza quanto à urgência disso.

— Meu bem, explique às crianças que sua empresa tem a certificação da ISO 14000 – sugeriu sua esposa.

— Bem, a ISO é a entidade responsável pelo desenvolvimento de normas internacionais para padronização de produtos, processos, procedimentos e serviços. No Brasil, é representada pela ABNT (Associação Brasileira de Normas Técnicas) e significa *International Organization for Standardization* (Organização Internacional para Normatização). A palavra ISO significa padrão e é a referência de normalização internacional. Também a ISO é composta por famílias, que se subdividem dentro de uma empresa para cada setor específico.

Julinho e Luiz ouviam atentamente.

— Nossa empresa tem que lutar para manter vivo esse sistema de normas da ISO, pois é uma questão de ser reconhecida internacionalmente e de ser o símbolo da política da qualidade da empresa, ou seja, uma forma de atender bem os clientes e de respeitar, simultaneamente, o meio ambiente. É aí que entra a ISO 14000, que se preocupa com a questão ambiental, gerando produtos e formas de respeitar o planeta, desenvolvendo a empresa sem prejudicar a natureza.

Ao término da conversa já era tarde e Luiz precisava ir para casa.

— Boa noite, pessoal. Hoje vou conversar com minha mãe e explicar para ela como selecionar o lixo. Até mais!

Naquela noite, Julinho foi dormir e teve um terrível sonho. Sonhou que estava indo à escola e passou perto de um terreno abandonado e, nesse terreno, havia uma enorme quantidade de lixo. Ao passar pelo terreno, do meio do entulho, ouviu um "Psiu". Ao olhar, ele viu uma garrafinha pet o chamando. Ele esfregou os olhos, pois não acreditava, e, então, a garrafinha chamou-o novamente:

— Ei, garoto! Venha até aqui!

Julinho sentiu medo, mas caminhou até o amontoado de lixo.

— Não tenha medo, garoto, não quero assustá-lo. Venha aqui, pois quero contar a você a minha história.

Julinho, pasmo, ficou em silêncio.

— Eu sou uma inútil garrafa jogada neste lixo e ando muito triste com o que o homem vem fazendo conosco e com a mãe natureza.

O garoto permanecia assustado e, ao mesmo tempo, curioso.

— Meu nome é Twist. Vou levá-lo a alguns lugares para você conhecer as "maravilhas" do homem.

A garrafa pegou Julinho pelo braço e ambos voaram juntos por vários lugares.

— Olhe para baixo e veja o rio Tietê. Olhe o tamanho de sua extensão e olhe, principalmente, a quantidade de lixo depositada. O pior não é isso. É esse acúmulo que gera a enchente, não só desse rio, mas de outros.

— Nossa! Como é feio e triste! Quantas garrafas plásticas, móveis, papéis e outros objetos depositados no rio!

— Isso não é nada. Vamos dar um passeio pelo litoral e ver as nossas praias.

— Oba! Que legal! Vamos nos divertir!

— Mas é claro, colega – comentou ironicamente Twist.

— Olhe os banhistas. Veja que alguns não utilizam os sacos para a coleta de lixo. Verifique o aspecto de tudo e olhe o mais interessante: animais fazendo cocô na areia, sendo que eles não poderiam estar na praia pelo fato da sujeira e de transmissão de doenças.

— Nossa! Como estou triste com essas imagens! – contemplava tristemente Julinho.

— Não acabamos. Vamos ver as fábricas. Venha, Julinho... Olhe a chaminé delas e observe o céu, a atmosfera. Isso tudo não tem como sair da Terra. É o famoso $CO_2$ (dióxido de carbono).

— Ah! Foi isso que a professora explicou em sala. Agora me lembrei, é o $CO_2$. Nossa! Que feio! Como o ar fica pesado, quente e com um aspecto ruim! Os carros fazem o mesmo, despejando a fumaça pelo escapamento e, assim, poluem o ar. O que mais você tem para me mostrar, Twist?

— São muitos assuntos ambientais... Mas, por último, veremos o óleo de cozinha sendo jogado no ralo da pia ou no vaso sanitário. Um litro de óleo polui uma enorme quantidade de água e isso se torna irreversível para o meio ambiente.

Julinho sentia vontade de chorar e o medo tomou conta do garoto.

— E o que podemos fazer, Twist?

— Só por essa pergunta já fico feliz! O que devemos fazer é, em primeiro lugar, nos conscientizar. Segundo, pensar nas futuras gerações. E, terceiro, e o mais importante, agir. Para agir devemos reciclar, divulgar para todos e conscientizá-los. Depois, fazer com que todos se tornem multiplicadores e prestem atenção em relação a alguns pontos: desperdício de água, abuso da energia elétrica, reciclar, cuidar do óleo da cozinha, plantar árvores, evitar o uso de sacolas plásticas e evitar o excesso de $CO_2$, ou seja, utilizar o transporte público ou andar a pé. Só assim conseguiremos reverter esse caos. E o melhor de tudo é que essa iniciativa começa com jovens como você, que se preocupam com o meio ambiente.

O menino, ansioso, consentiu com a cabeça e balbuciava.

— Sim, eu ajudarei o planeta. Eu ajudarei o planeta, eu ajudarei o...

— Acorda, filho! O que aconteceu?

— Papai, eu tive um sonho horrível. Sonhei que uma garrafa pet me mostrou a catástrofe ambiental... E ela me disse que precisamos ajudar o planeta.

— Calma, filho. Vamos juntos unir forças e tentar solucionar esse problema. Conversarei com um colega da ONG.

— Obrigado, papai!

— Durma com Deus, pois amanhã é dia de aula.

Na escola, Julinho levou a garrafa pet para a atividade e, no corredor, encontrou-se com Francisco.

— Esqueceu a garrafa de novo, amigão?

— Aí que você se engana! Ela está aqui, olhe só.

Dona Dolores, que passava pelo corredor, ouviu tudo e deu uma carinhosa repreensão na petulância de Francisco.

O sinal soou e os dois correram para a aula.

Aline viu Julinho e, entusiasmada, correu ao seu encontro.

— Oi, Julinho! Hoje vamos fazer a atividade com a garrafa pet?

— Lógico, Aline! Mas nem me fale de pet. Tive um sonho que... Deixa pra lá.

— Bem, posso me sentar ao teu lado nas aulas de Educação Ambiental?

— É claro!

Ao se sentar, Aline colou um adesivo no caderno de Julinho com a frase: "A Natureza gosta de você e eu também!".

Julinho ficou vermelho e sorriu para a menina.

A professora chegou e começou a explicar a atividade. Ela dividiu a sala em dois grandes grupos: o grupo de Francisco e o grupo de Julinho.

O grupo de Francisco ia trabalhar com a coleta de óleo de cozinha e o grupo do Julinho ia fazer a reciclagem. Ambos deveriam pesquisar e ser criativos.

Julinho ficou muito feliz e lembrou-se do sonho.

Aline estava cheia de ideias.

— Aline, meu pai tem uns contatos na empresa e acho que ele pode ajudar o nosso grupo.

— Legal, Julinho! Amanhã você me fala.

Ao se despedir, Aline deu um beijo estalado na face de Julinho.

Em casa, Julinho contou tudo para sua mãe, que o recebeu com beijos e um enorme sorriso.

— Julinho, vamos fazer um belo trabalho juntos, e pode ser desenvolvido na comunidade e dentro do nosso prédio.

— Legal, mãe! Você nos ajuda?

— Mas é pra já!

À noite, Julinho contou tudo ao pai, que veio com ótimas notícias.

— Julinho, conversei com um colega da empresa que também trabalha na ONG e desenvolve palestras. Ele me disse que se você quiser, no sábado, ele pode falar sobre reciclagem, que tal?

— Mas é a coisa que mais quero!

Luiz tocou a campainha e a mãe de Julinho foi atender.

— Olá, Luiz!

— Olá, Dona Marília. O Julinho está?

— Sim. E está com muitas novidades.

Julinho contou tudo a Luiz e este ficou entusiasmado.

— Gostei muito das ideias e já conversei com a minha mãe, que disse que vai mudar os seus hábitos – comentou Luiz.

— Luiz, você quer ir a uma palestra sobre reciclagem no sábado?

— Sim! Eu adoraria! Já estou lá!

No dia seguinte, Julinho foi à escola e convidou Aline para a palestra.

Aline ficou com o coração disparado e não conseguia conter sua felicidade.

A turma de Francisco estava organizada para recolher o óleo de cozinha das residências e já programava panfletos e algumas receitas.

No sábado, Julinho levantou ansioso, aguardando Aline e Luiz. O Sr. Ronaldo os levou até o local. Era uma empresa que reciclava lixo.

Ao chegar lá, apresentou os garotos ao Sr. Nestor.

— Crianças, esse é o Sr. Nestor, o responsável por palestras nas empresas e por reciclagem de lixo.

— Olá, meninos. Hoje vou mostrar para vocês o que é reciclagem, para que serve e o seu destino.

A apresentação foi feita com imagens e explicações.

— Bem, garotos. Primeiro, devemos ter consciência ambiental e, em casa, separar o lixo orgânico do lixo reciclável.

— E o que é lixo orgânico? – perguntou, Luiz.

— Lixo orgânico é o que contém alimentos. Esse lixo pode ser armazenado e depois transformado em adubo.

— E o que fazer com o saquinho de chá? – foi a vez de Aline.

—Muito legal a tua pergunta. Evite chá de sachê e utilize só a planta. Quando terminar jogue a erva no jardim como adubo.

— Adubo? - dizia Luiz cheio de dúvidas.

— Sim, adubo. O adubo é a junção de minerais que dão força e vida à terra.

E o Sr. Nestor continuou as explicações:

— Agora veja como devemos separar o lixo, ou seja, plástico, papéis metais e vidros, separando e especificando o que é para a reciclagem. Devemos ficar atentos aos postos de coleta, que pode ser feita pela prefeitura, e postos de entrega voluntária, supermercados ou cooperativas. Julinho lembrou-se do catador de papelão, ficou intrigado e disse:

— Sr. Nestor, os catadores de material reciclável ganham e sobrevivem com a reciclagem?

— Mas é lógico! Os catadores nos ajudam muito e têm um papel importante em nossa sociedade. Esse lixo gera empregos e produz conscientização. Crianças, não se esqueçam de que reciclar é um ato de amor ao próximo e respeito ao planeta. E ao reciclar, devemos:

- limpar e lavar o reciclável (vidro, latas);
- dobrar as caixas de leite;
- não amassar papéis.

Então o Sr. Ronaldo resolveu questionar sobre as sacolas de supermercado.

— E, então, Nestor, o que devemos fazer com o excesso de sacolas de supermercado?

— As sacolas podem ser substituídas por sacolas de tecido, fortes, resistentes e baratas! Algumas já são vendidas em supermercados.

Aline teve uma ilustre ideia e comentou:

— Podemos confeccionar, decorar e personalizar nossas próprias sacolas?

— Mas é lógico! Fica divertido, bonito e ajuda o meio ambiente.

Eles anotavam tudo que Sr. Nestor explicava.

— Em seguida, o lixo chega ao posto de triagem, onde é separado por pessoas que analisam o estado de cada material reciclável.

Luiz achou o maior barato essa "pista" de triagem e, ansioso, perguntou:

— Mas desse lixo pode-se fabricar algo para retornar à própria pessoa?

— Lógico, garoto. Por exemplo: o papel. Podemos transformá-lo em sacolas ou caixas; o metal, em latas; o vidro, em embalagens, como copo, entre outros derivados, e o plástico (garrafa pet) pode ser transformado em roupas, como camisetas, entre outros. Isso tudo volta ao consumidor, é a logística reversa, ou seja, reutilizar.

Nesse instante, Aline teve um estalo de criatividade: criar utensílios recicláveis.

— E não se esqueçam, crianças, a coleta seletiva é organizada em quatro cores específicas:

**Azul – papel**
**Amarelo – metal**
**Vermelho – plástico**
**Verde – vidro**

— E para onde devemos enviar cada lixo específico? – perguntou Julinho.

— Boa pergunta, garoto! Então vamos lá:

- Alimentos: podem ser transformados em adubo.
- Óleo: supermercados.
- Celulares e seus acessórios: bancos, drogarias ou a própria loja.
- Entulho e móveis (deve-se verificar sites próprios).
- Remédios: postos de saúde e/ou hospitais.
- Pilhas: drogarias e bancos.

- Pneus, lâmpadas, isopores e eletroeletrônicos: verificar sites próprios.

É verdade que a caixinha de leite pode ser transformada em telha para construção civil? – perguntou o Sr. Ronaldo.

— Sim, a caixinha de leite serve como isolante térmico.

— E a água e a energia elétrica também devem ser poupadas?

— Mas é lógico, Ronaldo! Água é energia. E é também sempre importante apagar as luzes ao sair do ambiente.

- Optar por eletrodomésticos que consomem menos energia.
- Não utilizar o micro-ondas como relógio.
- Descartar lâmpadas incandescentes e optar por fluorescentes (que gastam menos) ou LED, acrônimo de diodo, emissor de luz.
- Em relação à água, deve-se evitar banhos demorados, utilizar descargas que consomem menos água, não lavar carros e/ou calçadas, fechar a torneira ao escovar os dentes ou ao lavar a louça.

— Bem pessoal, a palestra acaba por aqui.

No final, o Sr. Nestor distribuiu um broche de fita vermelha em formato de coração com a frase: "Eu respeito, amo e luto pelo meio ambiente".

Julinho sentiu-se orgulhoso por aquele broche e sentiu uma sensação de responsabilidade em relação ao meio ambiente.

A turma adorou o Sr. Nestor e eles ficaram tristes com o término da palestra.

Sr. Ronaldo levou Aline e Luiz para casa e todos comentaram sobre a palestra e a escola durante o caminho.

Ao se despedir de Aline, Julinho deu um beijo estalado em sua face e ela ficou com os óculos embaçados.

Ela sentiu um frio no estômago e percebeu que Julinho a olhava diferente.

— Tchau, querida Aline. Até amanhã e obrigado pela sua companhia.

A menina ficou tão emocionada que se esqueceu de pegar a chave para entrar em casa e, infelizmente, bateu a cabeça na porta.

Luiz começou a rir e Julinho olhou sério para o colega, que ficou desconcertado.

A garota entrou correndo dentro de casa.

— Tá pintando um clima...

— Nada a ver. Se liga, Luiz! Ela é só minha colega de classe.

Sr. Ronaldo riu de toda essa história.

Aline, Julinho e Luiz tinham 12 anos e estavam na sexta série de uma respeitável escola estadual da grande São Paulo.

Aline era uma japonesinha baixinha, bonita, de cabelos pretos e compridos e usava óculos cor-de-rosa.

À noite, Julinho sonhou outra vez com Twist, a garrafa pet. No sonho, ela sorria para o menino e dizia:

— Julinho, você está me dando muitas felicidades! Muitas coisas boas ocorrerão com você! Continue assim! E estou ao seu lado!

De repente, Twist sumiu, como uma fumacinha azul, pelo sonho.

Julinho acordou assustado e perdeu a hora do colégio.

A mãe o aguardava brava na cozinha.

— Mamãe, me desculpa!

— Eu ia acordá-lo, mas você deve ter responsabilidade e tem o seu relógio.

— Desculpe, mãe! Isso não acontecerá mais.

Julinho chegou atrasado e envergonhado. Aline o aguardava, ansiosa.

— Nossa! O que aconteceu, Julinho?

— Perdi a hora!

— Julinho, eu tive a ideia de confeccionar camisetas com o tema ambiental. O que você acha?

— Boa ideia! Vamos fazer quando?

— O mais rápido possível, pois a professora quer o trabalho para o final desta semana.

— Vamos contar com a ajuda do Luiz e iniciar a confecção das camisetas amanhã à tarde?

— Lógico!

Luiz explicou para sua mãe sobre a palestra da reciclagem e ela começou a separar o lixo.

No dia seguinte, Aline apareceu na casa de Julinho com todos os materiais para confeccionar as camisetas. Luiz e Dona Marília também iriam ajudar.

Então cortaram aqui, colaram ali, leram, discutiram.

Dona Marília bordou, Luiz recortou, Aline desenhou, o Sr. Ronaldo deu alguns palpites, até que Julinho deu o nome à camiseta e criou o slogan:

— Bem, o nome será... Twist Azul! E o slogan: "Deixe-se levar por uma vida azul Twist e sinta o prazer de estar de bem com o meio ambiente. Seja Twist e participe da luta pelo azul". Nosso Planeta Azul.

— Nossa! Acho que a professora vai adorar! – entusiasmou-se Aline.

— Amanhã falaremos com ela e depois é só apresentar – disse Julinho.

No dia seguinte, a professora Dolores entrou na sala com os olhos brilhando e com um sorriso enorme!

— Olá, queridos. Quero dizer que estou muito feliz de ver o esforço, a pesquisa e o entusiasmo em minhas aulas. Só tenho uma coisa para falar: obrigada sou eu quem diz, e obrigado quem diz é o nosso planeta.

Ao terminar a aula, Julinho e Aline mostraram o projeto para a professora e perguntaram se Luiz podia assistir à apresentação.

— Gente, estou superfeliz com vocês e, principalmente, pelo seu entusiasmo, Julinho. Em relação ao seu colega, ele pode participar, mas sem bagunça.

— Obrigado, "fessora"! – Julinho agradeceu.

Ele e Aline saíram radiantes. De repente, Julinho voltou à sala.

— Esqueci de uma coisa.

— O que foi?

— É isso aqui! – e deu uma beijoca na face da professora.

— Obrigado por ter me despertado tão rápido para a questão do verde. Obrigado pelas suas aulas e obrigado por ter acreditado em mim!

E saiu correndo.

A professora Dolores parou, olhou para a sala vazia e uma lágrima de felicidade deslizou pelo seu rosto.

Às vezes, não há palavras, é inexplicável e não há dinheiro que pague tanta emoção.

Ao descer as escadas, a professora viu Francisco e a turma dele, que queriam lhe mostrar o projeto.

Ela achou muito bom, pois as ideias do garoto e sua turma eram preciosas para o meio ambiente.

Aline e Dona Marília fizeram sacolas de pano decoradas com a inscrição Reciclagem, para que os condôminos inserissem o lixo e o depositassem nos postos seletivos.

Luiz e Julinho correram pelo prédio distribuindo os panfletos (em papel reciclado), e com uma observação: não jogue esse papel em vias públicas. Coloque no lixo reciclável e não o amasse.

As pessoas começaram a se entusiasmar, a ler, e adoraram as sacolas para depositar a reciclagem. Isso foi uma forma de motivar e, consequentemente, de mexer as pessoas.

À noitinha, cansados, mas ainda com alegria e força de vontade, os garotos foram falar com o síndico, o Sr. Alaor.

— Boa noite, senhor Alaor! Gostaríamos de falar com o senhor.

— Pois não, meninos. Em que posso ajudar?

— Sabe, estamos desenvolvendo um trabalho na escola sobre reciclagem e estamos falando com os condôminos. Gostaríamos de saber do senhor se pode falar com a prefeitura para inserir lixeiras, aqui em nosso edifício, para a coleta seletiva dos moradores. E então, o que o senhor acha?

— Gostei muito da ideia! Fiquem sossegados que entrarei em contato com a prefeitura.

— Legal! – disse Luiz.

— E não se esqueça das cores: azul – papel; amarelo – metal; vermelho – plástico e verde – vidro – completou Julinho.

— Tudo bem, garoto!

Em coro, os garotos se despediram e saíram correndo de alegria.

Depois, contaram tudo para Aline e Dona Marília. Luiz foi para casa e contou tudo para a mãe dele.

Julinho foi acompanhar Aline até a casa dela e, ao se despedir, pegou nas mãos da menina e deu-lhe um bombom, com uma flor.

Aline ficou embasbacada e seu coração pulou, acelerou, e o seu cérebro emitiu a seguinte mensagem: "Você está apaixonada! Que noite mágica, que magia e que alegria!".

O garoto sumiu na esquina e Aline viu um céu estrelado e sentiu o cheiro da dama-da-noite.

Quando Julinho chegou, seu pai já estava em casa e abraçou o filho com ternura e orgulho. No dia seguinte, Julinho foi para o colégio, pois era o dia da apresentação. Dona Marília limpava o apartamento quando tocou a campainha. Era Alaor.

— Bom dia, Dona Marília! O Julinho está?

— Não. Ele foi ao colégio. É o dia da grande apresentação.

— Tenho uma boa notícia! Falei com um funcionário da prefeitura, que consentiu em colocar, na próxima semana, as lixeiras da coleta seletiva. O que a senhora acha?

— Estou muito feliz! E acho que o Julinho vai transbordar de alegria!

— Eu vi o panfleto dos meninos. Gostei muito. E já sei qual será a próxima pauta da reunião de condôminos: reciclagem e conscientização.

Na escola, Aline roía as unhas de nervoso. A professora iniciou a apresentação pelo grupo de Francisco, que distribuiu uma cartilha sobre o óleo de cozinha, que tinha alguns itens:

**Curiosidade:**

- Jogado no ralo, 1 litro de óleo de cozinha contamina uma grande quantidade de água.

- Conscientizar a população.

- Armazenamento do óleo.

- Locais e/ou postos de entrega.

- Receita de como fazer sabão com óleo de cozinha.

# Receita

Sabão feito com óleo de cozinha

**Ingredientes:**

- 5 litros de óleo.
- 1 litro de soda cáustica líquida.
- 1 litro de água.

**Procedimentos:**

Misture tudo em um balde e deixe ficar uma massa dura.

Em seguida, coloque essa mistura em uma fôrma.

Deixe endurecer e corte como preferir.

Obs.: Cuidado ao manusear a soda cáustica, pois ela é muito perigosa.

Eles comentaram e expuseram com imagens.

Por fim, distribuíram garrafas plásticas para que todos inserissem o óleo para reciclar em suas casas.

Dona Dolores ficou encantada e parabenizou Francisco e o grupo dele.

Em seguida, ela chamou o grupo de Julinho e Aline.

Eles estavam ansiosos e nervosos, mas com muita garra. E com tudo o que haviam feito e pesquisado, sentiam-se fortes e corajosos.

Os alunos argumentaram sobre a importância da reciclagem e da conscientização do ato de reciclar.

Distribuíram os panfletos que tinham feito para a classe e explicaram a divulgação no prédio, na comunidade e, agora, na escola.

Falaram da palestra com o Sr. Nestor e das sacolas para os condôminos.

E fizeram a classe ouvir e assistir aos depoimentos dos vizinhos e das pessoas sobre a reciclagem.

Os alunos comentaram sobre o destino do lixo, da coleta seletiva, dos postos de entrega e o que se pode gerar com o lixo reciclado. Mostraram para a classe a camiseta (feita de garrafa pet), bordada com lantejoulas e com os dizeres do Twist Azul.

A professora Dolores se ergueu da mesa atônita e, ao mesmo tempo, emocionada. Caminhou até o grupo.

— E, então, esse é o término de nosso trabalho, professora! Ah! Ia me esquecendo! Essa camiseta é um presente para a senhora! – definiu Julinho.

Sem palavras e apenas com gestos, a professora beijou todos os integrantes do grupo.

— Vocês todos, ou melhor, a classe inteira, está de parabéns pela organização, criatividade, emancipação e respeito pelo trabalho que eu pedi a vocês! Digo, do fundo do meu coração, obrigada por proporcionarem um trabalho lindo para mim e gerarem a todos uma manhã agradável. Eu tenho uma surpresa para vocês! Gostaria que, calmamente, vocês me acompanhassem até o jardim da escola.

Sorridente, a professora distribuiu para cada aluno um pequeno envelope que, para a surpresa dos alunos, continha uma semente de uma árvore chamada Quaresmeira e era da linda cor amarela.

Os alunos olharam para a professora e admiraram esse ato delicado e, ao mesmo tempo, ecológico.

Ela pediu para que eles plantassem onde quisessem.

Soou o sinal e todos se despediram dela.

Ao sair, a professora chamou Francisco e Julinho e disse:

— Sempre confiei no potencial de vocês e nunca me arrependi! Continuem amigos e na vida profissional imperem e briguem por questões ambientais. Até mais, garotos!

Ela desceu as escadas, passou a mão pelos cabelos loiros e acenou para os garotos.

Os dois ficaram feitos "crianças desmamadas" e se olharam com certo desafio.

— Tenho que admitir que o seu trabalho foi 10, Julinho! – disse, com firmeza, Francisco.

— Eu também tenho que admitir que gostei da receita do sabão e da desenvoltura do seu projeto!

— Obrigado! – disseram os dois juntos.

Eles se deram as mãos e Francisco comentou:

— Desculpe-me por eu não ter acreditado no seu talento, Julinho. E posso dizer... Amigos?

— É lógico! Amigos para sempre!

Nesse instante, Aline passou perto dos garotos, acenou, e ia descer os degraus, quando Julinho a chamou.

— Adeus, Francisco! E até amanhã, amigo.

— Tchau, Julinho!

— Aline! Aline! Espere!

Ela parou e olhou para Julinho.

— Vamos até a cantina tomar um sorvete?

Ela consentiu com a cabeça e ele desceu a escada segurando sutilmente a mão de Aline.

Eles se sentaram à mesa e Julinho tirou do bolso da calça um bilhetinho com os seguintes dizeres: "Obrigado pela sua ajuda e atenção constante comigo e com o nosso amigo, o planeta Terra! Você é uma amiga presente, leal e consciente! E é disso que o planeta necessita: de pessoas leais e conscientes, pois a natureza não tem preço e um dano causado pode ser irreversível".

Julinho foi para casa pensando na amiga e que uma verdadeira amizade é o tesouro que não tem preço. E assim é a natureza: um cristal que nunca deve ser rachado.

Ao chegar em casa, Dona Marília contou-lhe sobre o síndico e ficou muito feliz com a apresentação de Julinho.

Luiz tocou a campainha e também estava feliz, pois sua mãe agora já sabia reciclar.

O Sr. Ronaldo chegou do serviço muito feliz, acompanhado de Alaor.

— Oi, pai! Preciso lhe contar sobre o projeto!

— Oi, filho! Oi, pessoal! Vinha subindo e encontrei o Alaor, que precisava conversar conosco – comentou o Sr. Ronaldo.

— Pessoal, vocês não vão acreditar. A prefeitura já instalou as lixeiras na garagem para a coleta seletiva – Alaor informou.

— Viva! – gritaram todos.

— Vamos ver! – disse o Sr. Ronaldo.

Todos correram para o elevador.

Ao chegarem viram as quatro lixeiras intactas e com a cor e o tipo de objeto correspondente.

Naquele momento, Julinho sentiu uma grande paz, com sentimento de missão cumprida.

Então o lixo vermelho de plástico, de garrafas pets, transformou-se na própria garrafinha Twist. Ela olhou para Julinho e piscou, fazendo um "ok" para o menino em forma de agradecimento.

Julinho piscou os olhos e, ao olhar novamente, a lixeira estava lá, normal e serena.

Julinho percebeu como é importante preservar o meio ambiente, afinal, devemos preservar o presente para construir o futuro, e nunca deixar de acreditar que toda mudança depende de nós e, principalmente, da nossa força de vontade.

Respeite o meio ambiente!

Obrigado por me ajudarem e um beijo a vocês, do seu querido e terno planeta Terra!

E atenção:

Não podemos esquecer dos Objetivos do Desenvolvimento Sustentável, que são muito importantes e servem para ajudar e proteger o meio ambiente e também acabar com a pobreza e outros problemas sociais, para que as pessoas possam ter um mundo melhor e com paz.

São 17 objetivos das Nações Unidas para salvar o planeta e a sociedade e também atingir a Agenda 2030.

Os 17 objetivos são:

1 – Erradicação da pobreza;
2 – Fome zero e agricultura sustentável;
3 – Saúde e bem-estar;
4 – Educação de qualidade;
5 – Igualdade de gênero;
6 – Água potável e saneamento;
7 – Energia limpa e acessível;
8 – Trabalho decente e crescimento econômico;
9 – Indústria, inovação e infraestrutura;
10 – Redução das desigualdades;
11 – Cidades e comunidades sustentáveis;
12 – Consumo e produção responsáveis;
13 – Ação contra a mudança global do clima;
14 – Vida na água;
15 – Vida terrestre;
16 – Paz, justiça e instituições eficazes;
17 – Parcerias e meios de implementação.

## Personagens:

|  |  |  |
|---|---|---|
| Julinho | – | Protagonista. |
| Francisco | – | Colega de classe. |
| Aline | – | Colega de classe. |
| Dona Dolores | – | Professora. |
| Luiz | – | Colega da vizinhança. |
| Dona Marília | – | Mãe de Julinho. |
| Sr. Ronaldo | – | Pai de Julinho. |
| Alaor | – | Síndico. |
| Sr. Nestor | – | Palestrante. |

NOTA 1: Sociedade 5.0 é um conceito sobre o desenvolvimento tecnológico que beneficia a qualidade de vida das pessoas e tenta solucionar os problemas sociais.

NOTA 2: NÃO utilize a descarga desnecessariamente (pois ela desperdiça grande quantidade de água). Faça xixi ao tomar banho no chuveiro. Isso não faz mal, preserva o meio ambiente e, consequentemente, a água.

# Atividades

## Parte A

1) A mãe de Julinho se preocupa com a reciclagem?

_____

_____

_____

_____

_____

2) Por que Julinho não gostava das aulas de Educação Ambiental? E o que o levou a mudar de ideia?

_____

_____

_____

_____

_____

3) Qual foi a atitude de Julinho para começar a ajudar o planeta?

_____

_____

_____

_____

_____

4) O que fez o pai de Julinho para ajudar o filho?

_____

_____

_____

_____

_____

5) Conte sobre o sonho de Julinho. E o que você acha sobre isso?

_____

_____

_____

_____

_____

6) Por que Julinho e Francisco tinham certa rivalidade? E o que aconteceu no final?

7) Qual era o sentimento que Aline sentia por Julinho?

8) O que fez Luiz se conscientizar e mostrar para sua mãe o que era reciclar?

9) O que deve ser feito com as caixinhas de leite, chá ou óleo?

10) Qual a finalidade da ISO?

## Parte B

### Ideias para o professor:

Dividir a sala em quatro grupos (determinados por cada item das lixeiras). Exemplo: azul - papel; amarelo - metal; vermelho - plástico e verde - vidro. Depois realizar:

– Pesquisa sobre cada item (internet, televisão, jornais e revistas, livros, entre outros).

– Verificar a forma correta de reciclagem, locais, benefícios e o que se pode realizar com esse material reciclado.

– Criar (os alunos) um objeto bem criativo com o item selecionado.

– Apresentar e explicar em forma de palestra, para a classe, o porquê do objeto e o seu benefício para o meio ambiente.

## Parte C

– Elaborar uma redação sobre o livro *Meu amigo lixo e um beijo no planeta*, em primeira pessoa, falando sobre o livro e sobre a visão pessoal do aluno em termos ambientais.

– Elaborar uma carta, conscientizando a comunidade a reciclar e falando sobre os benefícios da reciclagem.

## Parte D

– Divulgação das ideias ambientais na escola, comunidades, entre outros.

– Dicas: plantar flores (os alunos plantam as mudas em vasinhos e enfeitam a escola) ou uma árvore. Em seguida, essa ideia pode ser documentada.

Boa atividade e *Um Beijo no Planeta*, da autora Andréa Diniz.

# Referências

Os Objetivos de Desenvolvimento Sustentável no Brasil. Nações Unidas Brasil. Brasília. Disponível em: https://brasil.un.org. Acesso em: 4 jan. 2021.

Sociedade 5.0: O que é, objetivos e como funciona. Fundação Instituto de administração, 26 jul. 2019. Disponível em: https://fia.com.br/blog/sociedade-5-0/. Acesso em: 4 jan. 2021.

MUNIZ, Mariana Lima. *et al. Novo Ensino Médio*: Projetos integradores: Linguagens e suas tecnologias. São Paulo: Editora Scipione, 2020, p. 195-196.